AF259626

LETTRE

D'UN

OFFICIER D'ÉTAT-MAJOR

DE L'ARMÉE

A UN HABITANT DE PARIS,

SUR

LE NOUVEAU MINISTÈRE.

IMPRIMERIE DE FÉLIX LOCQUIN,

RUE NOTRE-DAME-DES-VICTOIRES, N° 16.

LETTRE

D'UN

OFFICIER D'ÉTAT-MAJOR

DE L'ARMÉE

A

UN HABITANT DE PARIS,

SUR

LE NOUVEAU MINISTÈRE,

ET SUR

LES PROJETS DE LA FACTION DES ABSOLUTISTES
ET DES ULTRAMONTAINS.

PARIS.

L'HUILLIER, ÉDITEUR,

RUE HAUTEFEUILLE, N° 20.

LEVAVASSEUR, LIBRAIRE, AU PALAIS-ROYAL.

1829.

Je déclare qu'en publiant cette lettre je n'ai d'autre intention que d'éclairer sur les dangers auxquels la France serait exposée , si les ministres actuels cédaient aux vœux liberticides exprimés par l'organe de la faction de l'absolutisme et de la faction ultramontaine. Je regrette de n'avoir pu me dispenser de dire des vérités offensantes; mais le but que je me propose ne comporte pas les ménagemens. La faction que je voudrais éclairer ne me le reprochera pas , car ses organes n'écrivent pas une page sans dire plusieurs mensonges qui seraient offensans, si les mensonges pouvaient offenser. Ce sont eux qui m'ont mu à exposer au parti qu'ils trompent les chances malheureuses qu'il court. Ils m'accuseront d'être un factieux, un ennemi du Roi ; et les vérités que je publie sont autant dans l'intérêt de la famille royale que leurs écrits provocateurs y sont contraires. J'ai raisonné dans une hypothèse ; je fais des vœux bien sincères pour qu'elle ne se réalise pas.

LETTRE

D'UN

OFFICIER D'ÉTAT-MAJOR

DE L'ARMÉE

A UN HABITANT DE PARIS,

SUR

LE NOUVEAU MINISTÈRE.

———

Vous me demandez, Monsieur, ce que l'on pense du nouveau ministère dans le département que j'habite, et dans ceux que je suis dans l'obligation de parcourir, quels projets on lui suppose, et quelles chances de succès l'exécution de ces projets peut avoir, d'après la disposition des esprits?

Ma réponse à la première de ces questions est facile, et vous la pressentez certainement; car vous ne pouvez penser qu'à Paris on soit plus attaché à nos institutions que dans les départemens, où les autorités mettent plus fréquemment les citoyens dans la nécessité d'en réclamer le bienfait.

Le nom de Polignac est dans toutes les bouches; il acquiert une nouvelle célébrité, ou plutôt sa célébrité est ressuscitée. Les personnes qui ne lisent pas les journaux, ou qui l'avaient oublié, ont demandé : Qui est ce monsieur de Polignac ? On leur a répondu : C'est un émigré qui a voulu tuer Bonaparte; c'est l'ancien compagnon de Pichegru et de George Cadoudal. Il a été condamné à mort, et Bonaparte lui a fait grâce. Ambassadeur en Angleterre, il était l'ami de Wellington, qui l'a poussé au ministère dans d'aussi bonnes intentions que celles que Pitt avait pour la France. — Ces explications font un effet singulier sur le peuple, qui, s'il n'a pas la mémoire des noms, conserve celle des faits, dont il tire des conséquences aussi justes que les journaux peuvent en tirer.

L'effrayante célébrité de M. de La Bourdonnaye, l'Achille du parti, est plus récente. On n'avait pas encore oublié qu'en 1815 il voulait sauver la monarchie par les moyens que Roberspierre employait pour sauver la république. Son avènement au ministère a étonné les personnes qui pensaient que les Jésuites et la Congrégation ne lui pardonneraient jamais son opposition sous le ministère déplorable qu'ils ont tant regretté.

Ce sont les militaires qui ont caractérisé le plus énergiquement les antécédens du comte de Bourmont. La présence de leurs chefs n'y mettait pas obstacle. Les lieux publics, les places publiques ont retenti de leurs cris d'indignation. Les jeunes officiers, la plupart fils d'émigrés, paraissaient les plus exaspérés, lorsqu'on lut le nom du nouveau ministre de la guerre ; on pouvait à peine en croire ses yeux, et on demandait : Y a-t il-un général Bourmont autre que celui qui a déserté à Waterloo, autre que celui qui a causé la mort de tant de braves ?

On n'a pas trouvé étonnant que le nom de Chabrol fût accolé aux précédens, puisqu'il avait fait partie du ministère déplorable ; car il était difficile de former complétement un ministère introuvable, sans y faire entrer un membre du déplorable.

La nomination de M. Courvoisier aux sceaux a fait penser qu'on voulait unanimité pour les décisions dans le Conseil, parce qu'on sait que M. Courvoisier est très-flexible, et qu'il ne fera pas d'opposition, quoiqu'on ne lui attribue pas les sentimens politiques de ses collègues.

Quant à M. de Monthel, il a été, dans le temps, si exactement et si comiquement qualifié Éteignoir, qu'il devait nécessairement faire partie du nouveau ministère, et prendre le double portefeuille de l'instruction publique et des cultes. On s'afflige de la pensée qu'il détruira le bien que M. Vatimesnil a fait, et qu'il ne fera pas celui que l'on attendait de M. Feutrier. On croit déjà voir les Jésuites s'emparer de l'instruction publique, et la Congrégation dominant partout l'administration et les tribunaux, comme sous le ministère Villèle.

Personne n'a fait au brave amiral de Rigny l'injure de croire qu'il accolerait son nom à ceux qui précédent.

Autour de ce ministère, viennent se grouper un Mangin, un Dudon, et on voit fuir épouvantés les Agier, les Siméon, les Villemain, les de Laborde, les Bertin-de-Vaux, les Hély-d'Oissel, les Pelletier-d'Aulnay, conseillers d'Etat; ce préfet de police, M. de Belleyme, qui, le premier, a excité les regrets de la capitale; et le grand écrivain, honneur du dix-neuvième siècle, un ambassadeur. Les démissions de fonctionnaires aussi estimables en disent plus qu'on ne peut en écrire.

Voilà, monsieur, comme on parle, et ce qu'on pense du nouveau ministère dans les départemens. On s'exprime à son égard aussi énergiquement qu'à Paris. Les personnes qui sont le plus à même de l'apprécier, jugent qu'il ne pourra faire le bien ; et si on a éprouvé un instant les craintes que les noms des nouveaux ministres devaient nécessairement inspirer, on a été bientôt rassuré sur leur impuissance pour faire le mal. Mais ce qui rassure davantage, ce sont les sermens de Reims : Charles X n'est pas un Jacques II ni un Ferdinand VII. Ceux qui ont conseillé le choix de tels Ministres d'après des inspirations étrangères, ont cru qu'ils pouvaient nous bâter et nous brider; ils ne s'attendaient pas à l'explosion de l'opinion nationale ; ils n'ont pas calculé les résistances légales et invincibles qu'ils éprouveraient ; ils ont peut-être aussi compté sur la corruption ; enfin un déterminé contre-révolutionnaire a pu espérer vaincre les résistances par la force des baïonnettes. Certes, l'intention de Charles X ne peut être telle : il ne voudra pas que les ministres essayent de tels moyens. Mais s'ils parvenaient à tromper le Roi, s'ils sortaient des voies légales, je puis prédire ce qui arriverait ; car il ne suffit pas de lancer une ordonnance liberticide, il faut la faire exécuter, et ce n'est pas sur les tribunaux qu'il faudrait compter pour punir une généreuse et légitime désobéissance. Les conseillers ultramontains ont pu faire espérer que l'appui de la Congrégation suffirait pour obtenir l'obéissance ; mais le contraire arriverait, car le plus grand nombre des catholiques qui se soumettent au joug spirituel que la religion impose, ne veulent pas se soumettre au joug temporel de ses ministres. O ultramontains! vous semblez ignorer que votre conduite, vos projets, bien loin de servir à la religion qui en est le prétexte, ne font que lui nuire. Elle n'eût pas fait d'aussi immenses et d'aussi rapides progrès, si, dans les premiers siècles de l'Église, elle se fût unie à la politique pour retenir les peuples dans l'esclavage. Ce sont, au contraire, les principes de tolérance, de liberté et d'égalité, que l'Évangile a propagés, qui ont fait prospérer la religion ; c'est l'intolérance des docteurs du dix-huitième siècle qui a produit les nombreux ouvrages littéraires dans lesquels les bases de cette religion ont été attaquées. Sous le gouvernement impérial, vous étiez maintenus dans les bornes du ministère apostolique : il n'est venu dans la pensée de personne d'attaquer les dogmes, quoiqu'on pût alors le faire impunément. L'impiété avait disparu ; vous l'avez rappelée. La religion n'a d'ennemis que ceux que vous lui suscitez par votre esprit de domination et d'intolérance. Rentrez donc, ultramontains, dans les

limites que vous avez franchies depuis la Restauration. Vous rendrez ainsi à la France et à
son Église la paix que vous avez troublée, et vous
aurez pour coopérateurs dans le but que vous
dites vous proposer, et dont vous vous éloignez,
vous aurez, dis-je, pour coopérateurs tous les
hommes éclairés qui aiment une religion bien-
faisante, telle que le Christ l'a établie, qui en
sentent la nécessité pour le maintien de l'ordre
public, et qui ne se séparent pas d'elle, mais
qui se séparent de vous (1).

Ne jugez pas, monsieur, que ce qui précède soit une digression inutile relativement à
l'objet et au but de cette lettre. Les ultramontains ont, la France entière le sait, joué un
grand rôle sous le ministère déplorable qu'ils di-
rigeaient, et sous le ministère Martignac même,
envers lequel on les accuse d'ingratitude. Ils
sont, dit-on, appelés à en jouer un plus grand
sous le ministère actuel : il convient donc, dans
cette circonstance, de leur adresser quelques
paroles sévères. On peut désespérer de convertir
leurs chefs à l'humilité et à la charité chré-

(1) Serait-il vrai que la cour de Rome craignant de
voir rétablir l'ancienne capitale de l'empire d'Orient, et
un second chef-lieu de la Chrétienté, aurait mis en mou-
vement tous les ressorts à sa disposition pour donner à la
France un ministère turcophyle?

tienne ; mais il ne faut pas désespérer du commun des ecclésiastiques.

Je reviens maintenant à une dernière supposition que les écrits furibonds des stipendiés du nouveau ministère, et que les antécédens des nouveaux ministres autorisent. Je fais cette question : employéra-t-on le moyen désespéré des baïonnettes pour substituer le despotisme au régime légal ? Quel en sera le résultat ? Je vais le dire : mais je proteste contre toute interprétation de mes paroles ; je déclare que j'admets le principe de l'obéissance passive, lorsqu'il est question de la défense du territoire, de la conquête même, et du maintien des lois établies conformément à la Charte. Je ferai aux partisans de l'obéissance passive et sans restriction les questions suivantes :

Un colonel qui, ayant été insulté par la populace d'une ville, ordonnerait, pour se venger, de mettre cette ville au sac, devrait-il être obéi ?

Le gouverneur d'une division militaire qui donnerait l'ordre aux régimens dans sa division d'envoyer des détachemens dans les villes et villages de son gouvernement, pour contraindre au payement d'une contribution qu'il supposerait avoir imposée en vertu des ordres du Roi, devrait-il être obéi ? Personne n'osera répondre affirmativement à ces deux questions. Il suffit de dire que les officiers de l'armée française connaissent les lois de leur pays, et qu'ils savent que les citoyens ne doivent obéir qu'aux lois émanées des trois pouvoirs. On ne peut les tromper par des subtilités. Ainsi, il n'est pas probable que les nouveaux ministres tentent l'usurpation des droits constitutionnels de la France à l'aide de la force armée. Dans ce cas, il faudrait leur préparer des logemens à Charenton, et j'ai de la peine à concevoir un tel excès de démence. Cependant, comme le ministère est poussé par un parti violent qui déjà, sous le triumvirat, a conseillé ce moyen de compression, ou plutôt d'oppression, il faut faire connaître à ce parti quels funestes résultats aurait l'emploi des moyens qu'il provoque. Pour cela, je vais examiner les suites très-probables de l'emploi de la force armée contre la nation française, telle qu'elle est aujourd'hui. J'ai été, depuis la restauration, en position d'étudier mieux que personne l'opinion de l'armée, et je suis encore aujourd'hui en position pour la connaître très-bien.

Je dis donc : pour opérer par la force des armes une contre-révolution qui ne peut s'opérer par d'autres moyens, on ne pourrait s'appuyer que de l'obéissance passive de l'armée, ou compter sur l'enthousiasme qu'on chercherait à lui inspirer pour un ordre de choses renouvelé de l'ancien régime.

L'armée est soumise et disciplinée, mais il y a loin de là à un dévouement aveugle aux volontés du pouvoir. Plus citoyens que guerriers, nos soldats, fatigués de la vie monotone des garnisons, autant qu'ennuyés de l'éloignement de leurs familles, gênés par les règles minutieuses et absurdes d'une discipline de couvent, n'aspirent qu'à regagner leurs foyers ; ils sont résignés, c'est tout. S'ils sont susceptibles d'enthousiasme, c'est l'enthousiasme guerrier excité par les mots, *la France et le Roi !* ce n'est pas par les mots surannés d'*hydre des révolutions*, *de trône et d'autel*, qu'on parviendrait à émouvoir le soldat. Ces mots ont été trop prodigués, pour ne pas dire prostitués par les partis, par les factions. Le plus grand nombre ne les comprend pas ; et ceux qui les comprennent entendent aussi les mots *de patrie et de concitoyen.* Un espace immense sépare les soldats de l'armée actuelle des souvenirs de l'ancien régime. Là royauté du temps de nos pères a perdu son antique magie ; ils ont vu passer le pouvoir entre trop de mains. Pour eux, l'histoire de France commence avec le siècle qui les a vus naître ; c'est des gloires d'Austerlitz, de Jéna et de Wagram qu'ils ont entendu parler dans leur enfance ; ce sont les désastres de Moscou et de Waterloo qu'ils ont entendu plaindre. Leurs pères ne leur ont jamais parlé de Fontenoy, ni du camp de plaisance de Soissons ; et quand leur cœur palpite, c'est au récit des belles actions dans les premières campagnes de la révolution et des exploits de la grande armée.

Maintenant, Monsieur, vous prévoyez la conséquence de ce qui précède. Pour y arriver, je suppose un coup d'état conçu dans le cerveau volcanique de M. de La Bourdonnaye (*Quod dii priùs omen in ipsum convertant*), et appuyé par l'artillerie, les sabres et les baïonnettes dont M. de Bourmont a la disposition ; on fera bien aux Français l'honneur de croire que le ministère éprouvera de la résistance. Voilà donc la guerre civile en quelque sorte déclarée. Le gouvernement usurpateur des droits nationaux appelle l'armée à son aide ; elle marche sans trop savoir d'abord de quoi il s'agit. Bientôt elle est travaillée en tous sens par mille écrits, par les discours, par les insinuations des citoyens avec lesquels elle se trouve forcément en rapport. Pour détruire l'effet de ces insinuations, le Gouvernement doit parler dans des proclamations, dans des ordres du jour. Mais que dira-t-il? Invoquera-t-il la sainteté des sermens qui lient les soldats? Invoquer la sainteté des sermens, au moment où on les violerait! Et par l'organe de qui? de M. de Bourmont!... Certes, l'armée, dans une telle circonstance, ne serait mue que par la crainte de verser le sang des citoyens, le sang de ses frères, et chaque soldat par le désir d'ajouter une anecdote de gloire à l'histoire des vieux braves de son village. Enfin l'armée ne comprendrait que le langage du siècle; et ce sont les constitutionnels qui le parlent. Pour le peuple et pour l'armée, Austerlitz, Jéna, Wagram, la gloire, les talens, la vertu, c'est le côté gauche; les invasions étrangères, les douloureux souvenirs, l'ineptie, la sottise, l'orgueil sa compagne, et plus le ridicule, c'est le côté droit; je regrette de devoir le dire. Ainsi, il n'est pas douteux que si nos soldats pouvaient être entraînés, ce ne serait pas par les hommes de l'ancien régime qui tenteraient de nous y ramener.

Mais la composition de l'armée, qui ne compte pas plus d'un cinquième d'hommes sachant lire, ne permet pas de supposer que les soldats se décideraient pour ou contre; ils ne verraient dans les débats des citoyens contre les usurpateurs des droits nationaux, qu'un moyen d'avancer l'époque de leur retour dans leurs familles.

La désertion se mettrait dans les rangs; elle serait encouragée et favorisée par les habitans, et le parti populaire aurait la satisfaction de voir fondre comme de la cire les camps ministériels. Alors les hommes à coup d'état, nouveaux Icares, tomberaient, sans retour, dans l'abîme au-dessus duquel leurs ailes artificielles les auraient élevés.

Les dispositions négatives de nos soldats ne pourraient-elles être assez puissamment combattues par les chefs, pour changer la force inerte en force agissante? Pour répondre à cette question, il faut connaître les dispositions des officiers à exercer leur influence en faveur du ministère usurpateur; et pour cela je consulterai leurs antécédens et leur position actuelle.

La plupart des capitaines et nombre de vieux lieutenans ont servi dans l'ancienne armée; ils arrivent au terme de leur carrière militaire; leur âge leur fait sentir la nécessité du repos; ils le souhaitent, et dans une circonstance critique, comme celle que je suppose, ils craindraient de se prononcer; mais leurs vœux secrets favoriseraient la désertion qui les débarrasserait d'une pénible responsabilité. Nombre d'officiers supérieurs, beaucoup d'officiers subalternes, feraient les mêmes vœux. Le ministère usurpateur ne pourrait donc compter sur eux. Il est certain que le parti populaire ne le pourrait pas davantage. Mais il ne faut pas perdre de vue que ce parti, qui est la nation, a deux chances pour une dans les déterminations que l'armée pourrait prendre. En effet, ou l'armée agirait en sa faveur, ou agirait contre, ou n'agirait pas du tout. Dans le premier et dans le dernier cas, l'usurpation perd sa cause; dans le second, son triomphe est encore douteux. Je dis douteux, parce que toutes les forces matérielles de la France ne sont pas dans l'armée.

Les jeunes officiers sont généralement constitutionnels. Beaucoup d'entre eux donneraient leur démission plutôt que d'agir contre leur conscience, et de trahir la patrie; beaucoup d'autres ne se contenteraient pas d'un rôle passif. L'enthousiasme de la liberté entraînerait les uns; des vues ambitieuses en entraîneraient d'autres. De quel côté se tourneraient les espérances, en supposant même que la conviction n'entrât pour rien dans le choix d'un parti? Il est évident que ce serait du côté du peuple. Le triomphe de sa cause, en 1827, est encourageant, et peut faire juger que c'est la seule qui offre des chances de succès capables de flatter l'ambition.

J'admets que la majeure partie des chefs de corps suivraient la bannière du ministère; mais leur conduite n'aurait que bien peu d'influence sur celle de leurs subordonnés : ce serait peut-être, pour ces derniers, un motif déterminant de défection. Il y a peu de sympathie entre les colonels et leurs officiers ; ils sont presque étrangers les uns aux autres. Depuis 1815, les chefs de corps se tiennent à une grande distance de leurs inférieurs. Cette manière d'être eut pour motif, chez plusieurs de ces Messieurs, le soin de cacher autant que possible leur incapacité. A ce motif, qui existe encore aujourd'hui pour quelques-uns, vint se joindre cet esprit de parcimonie qui contraste avec la prodigalité des militaires de l'empire ; de sorte que les colonels ne réunissant jamais leurs officiers, les connaissent à peine, et ne leur inspirent aucun attachement.

Mais ne pourrait-il pas arriver qu'un colonel se prononçât pour la défense des droits du pays ? En pareil cas, un seul, oui, un seul homme déciderait la question entre le ministère et la nation ; car les officiers qui appartiennent à la génération nouvelle verraient en lui un général Foy ; ceux qui ont servi dans l'ancienne armée, et qui sont encore dans l'âge de l'enthousiasme, verraient un vengeur de notre ancienne gloire, et tous suivraient son panache, même les plus prudens. Et ils pourraient, au besoin, se justifier en invoquant le principe de l'obéissance passive. Alors se formerait un noyau régulier auquel viendraient se réunir tout ce que la désertion n'aurait pas désorganisé, et les vieux soldats de l'empire.

Les colonels qui voudraient rester cramponnés au ministère, et je ne dissimule pas que c'est le plus grand nombre, ne pourraient empêcher la désertion : ils se tiennent trop loin du soldat. Si un ferment encore plus dangereux pour l'usurpation venait à se manifester, ils n'auraient aucun moyen de le comprimer ; car il se présenterait aussitôt un homme pour s'en emparer, et cet homme serait ardent, tandis que les hommes du ministèe, qui auraient la conscience de sa tyrannie, ne pourraient qu'être froids. D'ailleurs, la plupart des colonels, qui ne doivent leurs grades qu'aux fictions de la maison du Roi, ne se sont jamais trouvés dans des circonstances importantes ; ils perdraient la tête aux premiers symptômes d'insurrection.

Quant aux généraux, ceux qu'un ministère conspirant contre les libertés publiques employerait, devraient être dans le secret de la conspiration. A qui s'adresserait-il ? à ceux qui ont déjà été les bourreaux de leurs concitoyens, un C... un D... d'autres êtres sans considération, qui ne méritent pas même d'être nommé ;

et ces gens-là dirigés par M. de Bourmont !...
Fiers hommes pour enlever une armée, l'entraîner hors des limites de ses devoirs, et la
conduire au crime par l'enthousiasme!

Il est constant pour tous les hommes du
siècle, pour tous ceux qui connaissent la France,
que les souvenirs de l'ancien régime sont sans
force sur les esprits, et que la masse de la nation
ne voit, dans ceux qui se disent royalistes par
excellence (les seuls qui suivraient la bannière
d'un ministère usurpateur), que des étrangers
imposés par la conquête. Leur cause a été trop
long-temps celle de nos ennemis, pour qu'on
puisse s'habituer à voir en eux de vrais Français : en les combattant, on croirait combattre la
coalition; et nul doute que nos soldats ne marcheraient pas sous leurs enseignes.

Voilà des faits probables ; je viens maintenant à la question de droit. Les officiers seraient
retenus par leurs sermens, dira-t-on, car ce
serment ne parle que du Roi, c'est au Roi seul
que l'armée l'a prêté. Oui, mais l'officier donnera sa démission, plutôt que de plonger le fer
dans le sein de la patrie. Le vieux cri, *Fors
l'Honneur*, est et sera toujours français. Les anciens preux juraient foi et hommage, mais seulement pour chose juste et faisable. Or, qu'y
a-t-il de moins juste, de moins faisable que de

tuer ses concitoyens pour soutenir l'usurpation des droits de son pays? Le vicomte d'Orthez était-il un traître lorsqu'il refusait de faire égorger les protestans? D'ailleurs, rien n'obligerait à reconnaître les ordres du Roi dans la violation des lois du pays. Le respect que l'on doit à Sa Majesté ferait un devoir à tout officier de regarder sa volonté comme captive dans tout ce qui serait contraire aux sermens de Reims. Cette doctrine a été souvent professée par les partisans de l'absolutisme; ce sont eux qui ont enseigné et pratiqué ces distinctions. Ferdinand était captif lorsqu'il acceptait la constitution, et ordonnait à ses sujets de s'y soumettre. Il était libre lorsqu'il faisait pendre Riego qu'il avait accablé de marques d'amitié et de confiance. Charles X était libre lorsqu'il jurait la Charte; il serait nécessairement captif si on se servait de son nom pour l'attaquer. Ainsi, les Français, en défendant le palladium de leurs libertés, défendraient Charles X, sa gloire, son honneur, sa vertu; et cette pensée leur donnerait le courage et l'énergie nécessaires pour une telle défense.

Si quelque circonstance pouvait déterminer l'armée à suivre les drapeaux du ministère, ce serait la vue d'un danger présent; le point d'honneur, la crainte de paraître fuir le péril devant une insurrection subitement organisée pour la défense des institutions, ferait rechercher des lauriers de servitude. Mais si le ministère voulait réaliser les projets de la faction anti-nationale, ce ne serait pas une armée qu'il aurait à combattre, ce serait une résistance légale et pacifique qu'il devrait vaincre; et par quels moyens voudrait-il y parvenir? en soutenant ici une exécution, en forçant là de paisibles habitans à payer des taxes arbitraires; enfin, en faisant faire par les soldats alternativement le métier d'huissier et l'office de bourreau. Qu'arriverait-il? Après une lutte longue et pénible, la résistance cesserait d'être inerte, et prendrait le caractère de l'attaque : alors l'armée aurait déjà pris parti, ou se serait dissoute, et dans ce dernier cas, comment faire revenir les soldats sous les armes? Nous appellerons l'étranger, disent les misérables directeurs de la faction; l'étranger viendra à notre secours!..... Un Roi de France, Charles X, qui n'a d'autres ennemis que ceux qui le trompent, appellerait l'étranger!..... Non, j'aime à le penser, il n'y a pas même à la Cour six militaires assez dépourvus de sentimens français pour en donner le conseil. Il n'y a que des ultramontains, des fanatiques qui peuvent désirer voir la France ensanglantée; et, dans ce cas, elle le serait, car la jeunesse et les vieux de la France courraient aux armes. Alors, malheur à ceux qui auraient appelé l'étranger! Il n'y a pas en France, comme en Espagne, la canaille à la solde des moines pour les seconder. Depuis long-temps il n'y a plus de canaille en France; mais il y a une classe ouvrière toute patriote, toute française. La Congrégation voudrait former une armée de dévots, elle en a déjà menacé. Il faut plus que de la dévotion pour prendre les armes, il faut du fanatisme; et il y a plus d'imbécilles que de fanatiques.

De quelque manière que l'on envisage les projets de la faction, 'on ne voit que dangers pour le nouveau ministère, s'il mettait l'armée en présence de la nation pour exécuter ses projets; en sorte que je ne puis croire qu'il ait formé, à l'avance, le dessein d'en venir à des moyens extrêmes, qui ne pourraient que causer des malheurs incalculables. Si cependant les ministres cédaient aux exigences du parti auquel ils appartiennent, s'ils se laissaient entraîner par le génie du mal à des mesures de terreur, on verrait alors qui se serait trompé, on verrait si leurs espérances se réaliseraient, ou si les prédictions des amis du Roi et des institutions s'accompliraient.

Ceux qui conseillaient si passionnément la

guerre d'Espagne, pensaient peut-être que nos soldats, après avoir combattu les constitutionnels de la Péninsule, prendraient ceux de France en aversion, et reviendraient avec des dispositions hostiles contre eux. Le contraire est arrivé : on ne peut respirer l'air de l'Espagne sans concevoir pour le despotisme une haine vigoureuse et un mépris indicible. Les militaires qui n'avaient pas encore apprécié le bienfait des institutions libérales, ont conçu au-delà des Pyrénées la haine de l'arbitraire et du despotisme ; de même que la vue d'un malade fait sentir le prix de la santé. En effet, qu'a vu notre armée en Espagne ? Des persécutions au mépris de la foi jurée, l'oubli des services, des colonels mutilés, demandant l'aumône, des soldats nus et mourant de faim, la misère, l'esclavage, le désespoir, la mort!... Puissans motifs pour seconder ceux qui veulent nous amener à une semblable situation ! Non, il est impossible que l'on connaisse assez peu l'esprit de l'armée pour croire qu'elle sympathisera jamais avec la faction qui pousse le ministère à l'usurpation. Les hommes de cette faction sont en désaccord avec les soldats , qui les reconnaissent à la première vue, et qui ne peuvent s'habituer à les considérer comme de vrais militaires, lors même qu'ils les voient chamarrés de décorations et de broderies.

D'après tout ce que je viens de vous dire, Monsieur, vous devez voir que nos libertés n'ont rien à craindre des baïonnettes. Si les circonstances fâcheuses que les noms des ministres ont donné lieu d'appréhender, et que provoque la faction qui a si fortement applaudi à leur avènement, se présentaient, l'armée en corps ne prendrait aucun parti ; elle se fondrait dans la nation. C'est l'opinion de tous les militaires éclairés, et conséquemment influens. Mais si elle prenait un parti, ce ne serait pas celui des coups d'état.

J'aurais pu vous faire de belles phrases sur le patriotisme de mes compagnons d'armes, et vous les peindre comme les plus fermes champions de la liberté, toujours prêts à verser leur sang pour elle ; mais alors je ne vous aurais présenté qu'un tableau de fantaisie. Celui que je vous envoie est d'après nature. Oui, Monsieur, le plus grand nombre de nos officiers ont perdu leur énergie ; ils sont encore tout froissés de la catastrophe de Waterloo, et ont encore présent le souvenir des quatorze catégories. Leurs vœux secrets, je le répète, seraient en faveur de la nation ; mais ils n'oseraient se décider pour ou contre. Jugez s'ils chercheraient à arrêter la désertion, qui leur permettrait de se maintenir dans les limites d'une prudente neutralité. Les officiers de 1829 ont autant d'honneur que ceux de 1789; mais ils l'entendent différemment. Ils n'ont pas des intérêts de caste à soutenir ; ils n'ont point de droits féodaux à défendre ; ils n'ont pas été élevés dans les préjugés de naissance ; ils voient dans un simple soldat, instruit et de bonne conduite, un homme qui peut devenir leur égal ; ils sont dévoués à la patrie autant qu'au Roi ; ils savent que, quand ils ont prêté serment au Roi, c'est au père de la patrie, et que, si les ministres trompent le Roi, en violant le serment qu'il a fait devant Dieu et devant la France, on ne doit pas plus leur obéir que s'ils ordonnaient de tirer sur les Tuileries. Je le dis, parce que je le pense, Charles X ne portera pas atteinte à la Charte. Ses conseillers pourront chercher à le désaffectionner pour la nation, en la calomniant, en mettant sous ses yeux quelques écrits éphémères, sortis de cerveaux brûlés ; mais il faut espérer que quelqu'un de ses fidèles serviteurs saura braver la haine des courtisans perfides et des ultramontains, pour lui faire connaître les véritables sentimens de la France. Ce que je viens de dire doit suffire pour tranquilliser les esprits : nos libertés, je l'espère, se défendent d'elles-mêmes, et on doit avoir confiance dans la magistrature.

Si jamais nos soldats se trouvent en présence des citoyens, ceux-ci doivent s'abstenir de toute provocation , et ne pas nuire à leur juste cause par une maladroite précipitation. Point de ces cris désagréables aux oreilles militaires ; partout, le calme du bon sens et du bon droit : c'est le meilleur moyen de désarmer la force. Si le militaire doit toujours se rappeler qu'il a un père, des parens citoyens , les citoyens doivent se rappeler qu'ils ont dans l'armée des enfans , des parens, auxquels il n'est pas toujours permis de raisonner les ordres qu'ils reçoivent.

Les journaux ont exhumé le nom d'Hampden , ce brave Anglais qui laissa vendre ses meubles plutôt que de payer une modique contribution qui n'avait pas été établie par la loi. Si le Gouvernement voulait établir les contributions sans le concours des Chambres , il se trouverait plus d'un Hampden qui, la Charte à la main , pourrait dire au soldat qu'on enverrait en garnisaire chez lui : « Mon ami, je respecte » le Roi et la loi ; mais on veut me faire payer » ce que, suivant la loi du pays, je ne dois pas ; » je m'y refuse en bon citoyen. Tu ne veux pas, » je pense, te conduire mal avec moi. Entre, » assieds-toi à ma table ; mange, bois, et en- » suite , si tu veux bien faire , puisque les lois » sont violées en France , va défendre ton père » qui est opprimé comme moi. »

Que vous en semble, Monsieur? Ne croyez-vous pas que ce discours produirait son effet?

Je vous ai fait connaître les dispositions de l'armée ; je ne crois pas m'être trompé, ou m'être fait illusion : je ne suis plus dans l'âge des illusions. Mes réflexions sont basées sur des observations suivies depuis nombre d'années. J'ai étudié les hommes au milieu desquels je vis ; j'ai redoublé d'attention depuis un mois, afin de ne rien hasarder. Les discours, les propos que j'ai entendus, tant de la part des officiers que des soldats et des citoyens, m'ont confirmé dans l'opinion que nos institutions sont impérissables. Je dois aussi vous dire que si l'armée est peu disposée à appuyer des coups d'état, elle ne le serait pas davantage pour soutenir des factieux, et que s'il se présentait un autre Berton, il n'aurait pas plus d'influence sur nos troupes que M. de Bourmont tentant la contre-révolution ; il ne serait pas même nécessaire de recourir aux réquisitoires de M. Mangin. L'armée est, comme la nation, affamée du régime légal. Les bienfaits qu'on voudrait répandre sur elle dans des intentions contraires, ne changeraient pas ses dispositions. Ces bienfaits, d'ailleurs, ne consisteraient qu'en promesses, auxquelles les soldats, qui ne soupirent qu'après leurs congés, seraient peu sensibles. Quant aux officiers, ils ne se laisseraient pas leurrer ; et l'histoire nous apprend que ceux qui, sans titres de gloire, ont voulu acheter les troupes, n'ont jamais obtenu que leur mépris, parce qu'ils donnaient, par-là, la mesure de leur faiblesse. Il y a des améliorations à faire dans la position des officiers ; mais elles ne peuvent avoir lieu sans le concours des Chambres, qui conséquemment en auraient le mérite.

Je me résume, Monsieur : nous n'aurons pas, je l'espère, la guerre civile. Si les nouveaux ministres nous ont d'abord épouvantés, ils nous rassureront en donnant leur démission. Un excepté, je les préférerais cependant à M. de Martignac, quoiqu'ils soient peut-être moins doucereux, s'ils voulaient gouverner suivant la Charte, c'est-à-dire, sans fraude. Je fais des vœux bien sincères pour qu'ils prennent cette détermination, et qu'ils usent de leur influence sur ceux qui les ont desirés, afin de les réconcilier avec la France, en leur faisant adopter de bonne foi l'œuvre de Louis XVIII. Nous crierons tous alors aussi sincèrement les uns que les autres :

Vive Charles X ! Vive la Charte

www.ingramcontent.com/pod-product-compliance
Lightning Source LLC
Chambersburg PA
CBHW051341050726
47595CB00006B/2359